Disney · PIXAR

COLORING BOOK

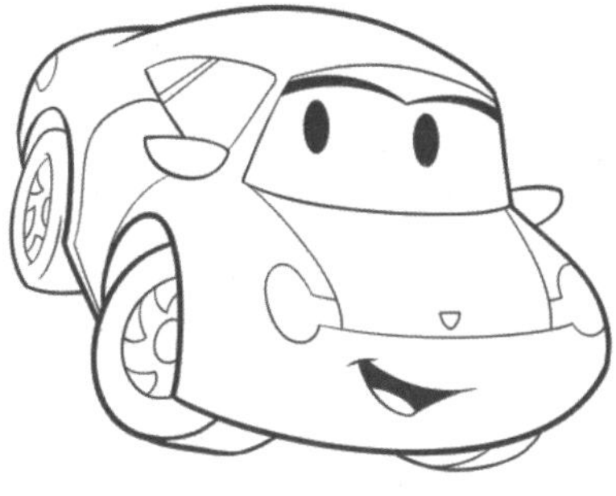

Disney PRESS
New York

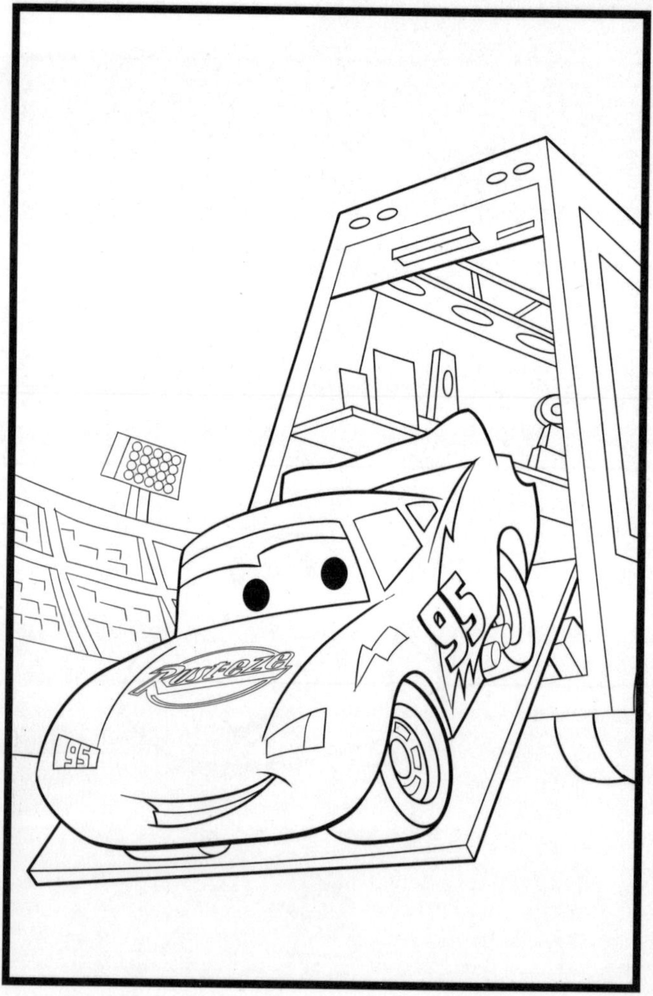
95

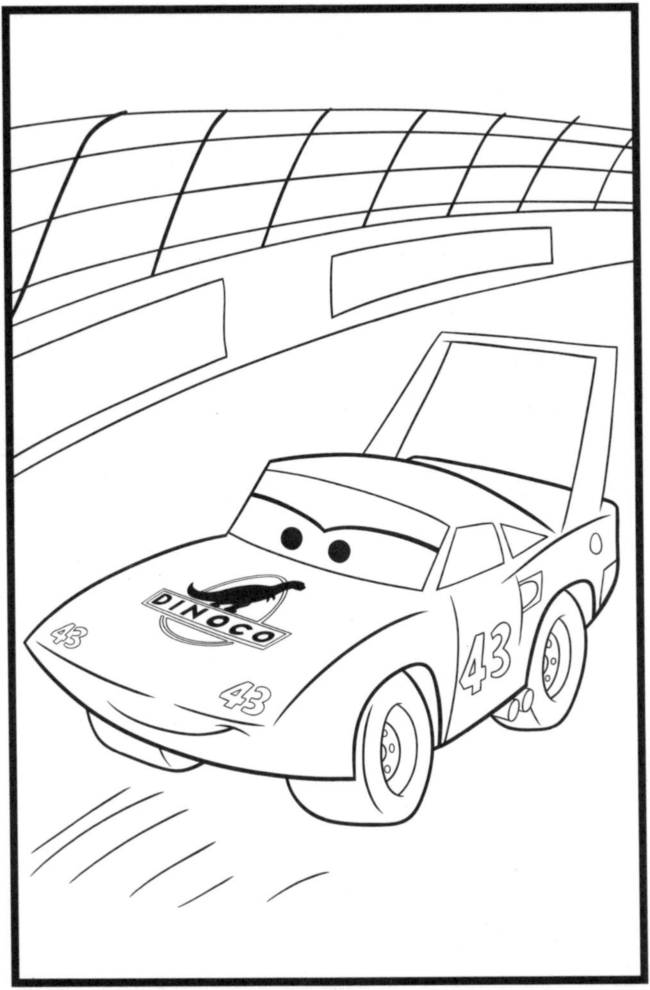
DINOCO
43
43
43

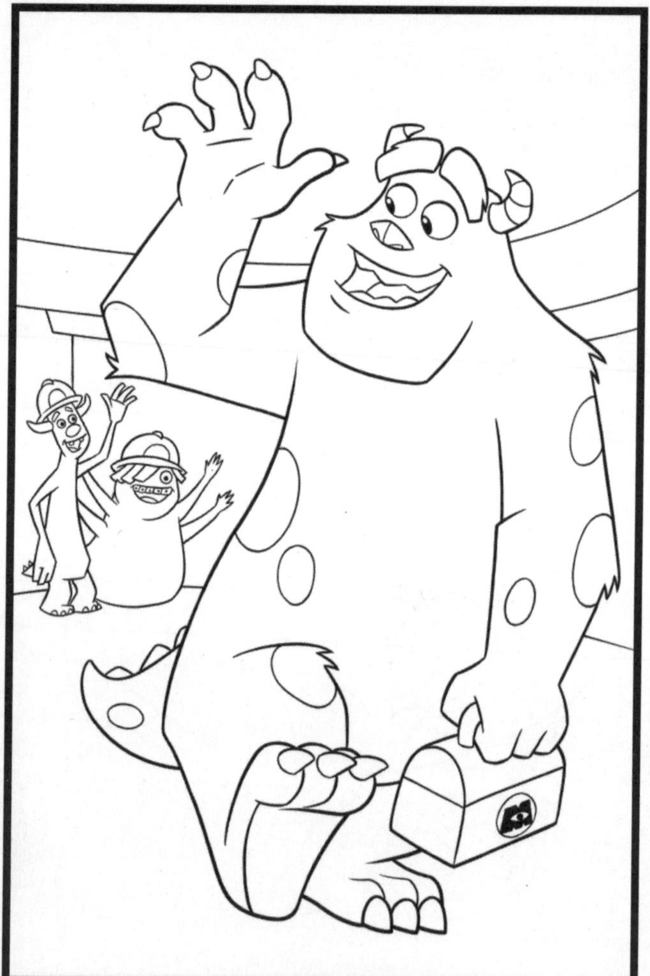

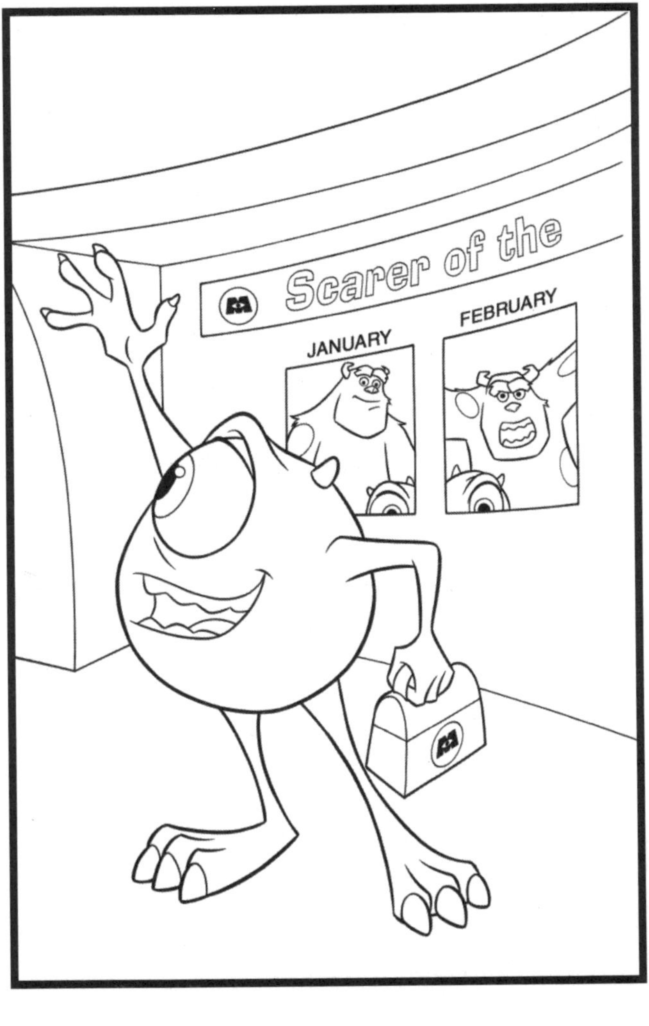
Scarer of the
JANUARY
FEBRUARY

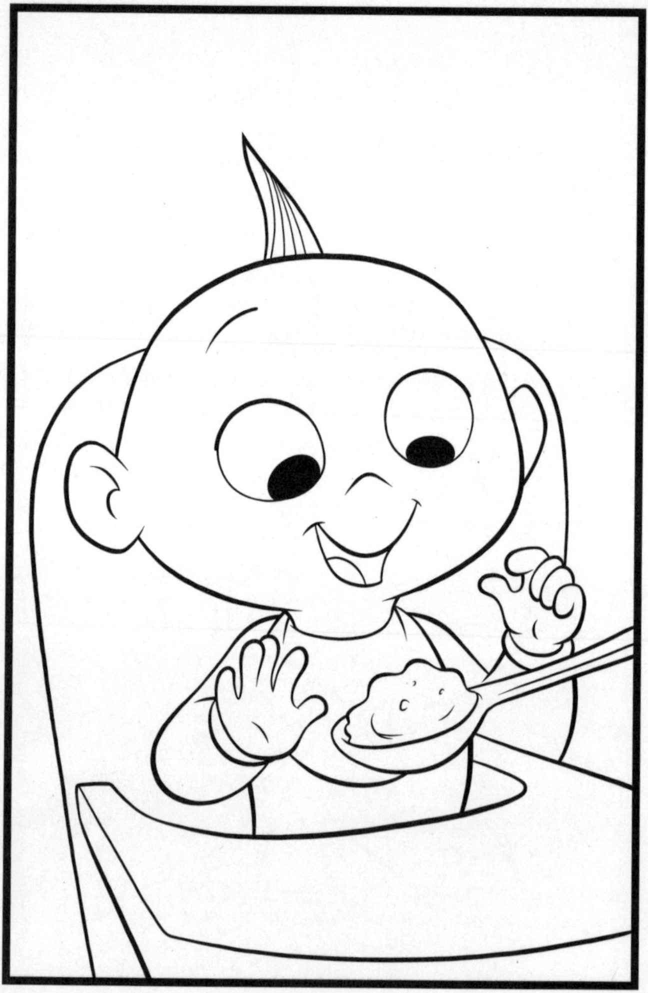

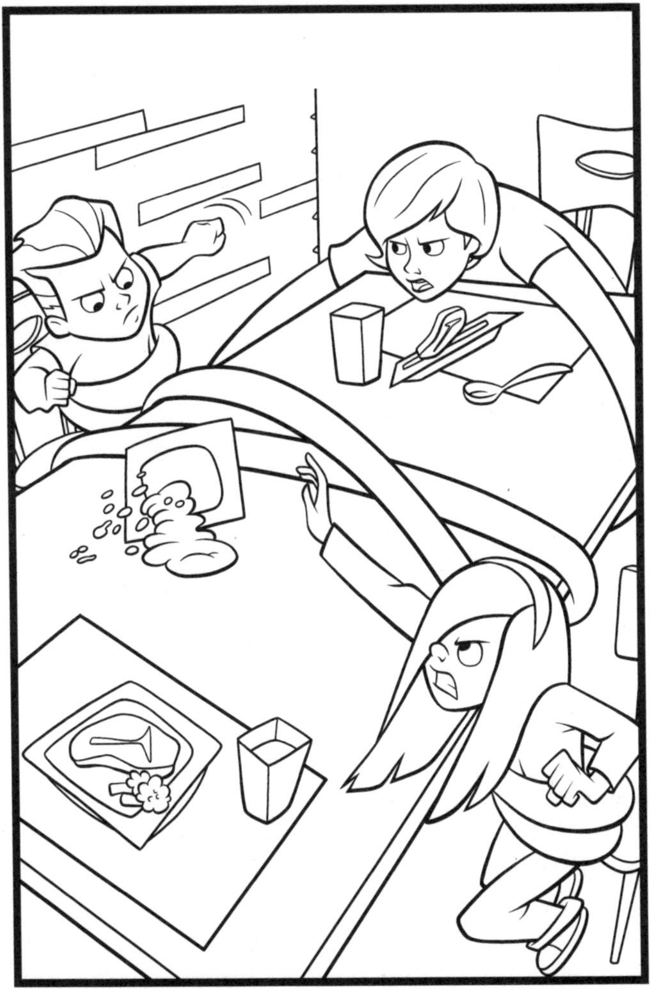

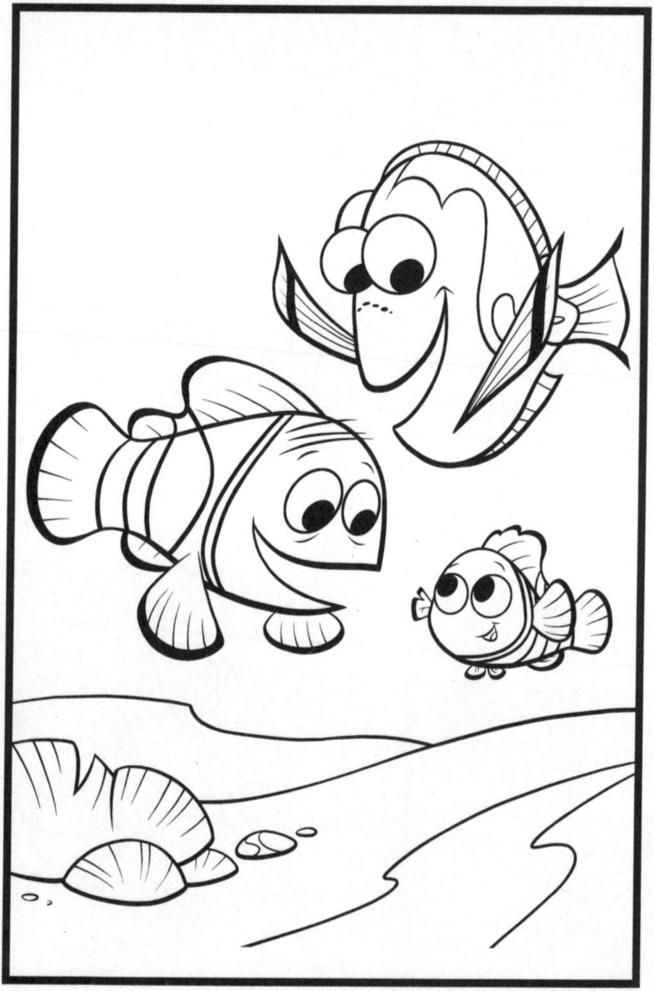

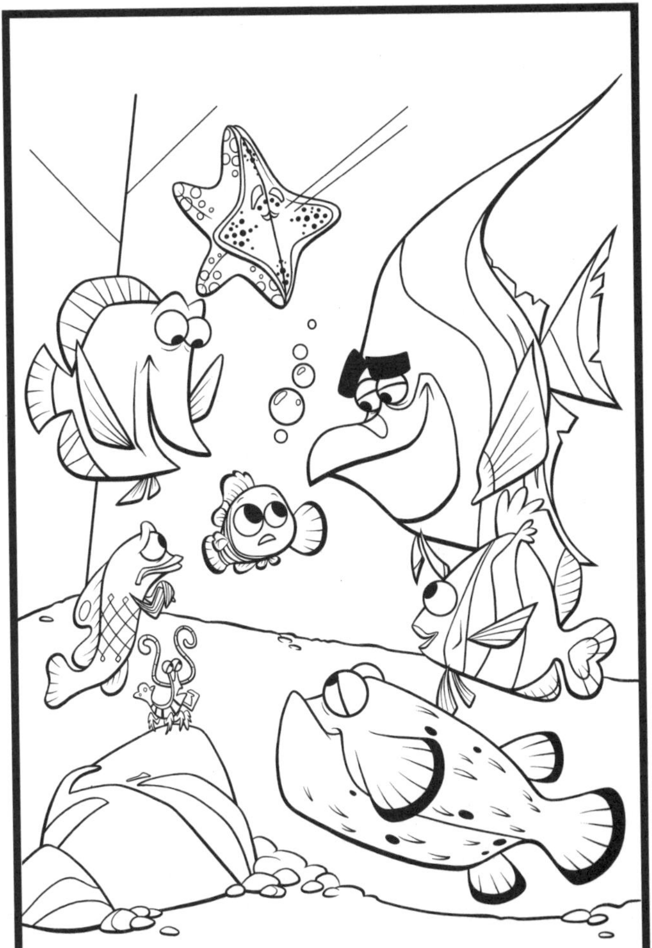

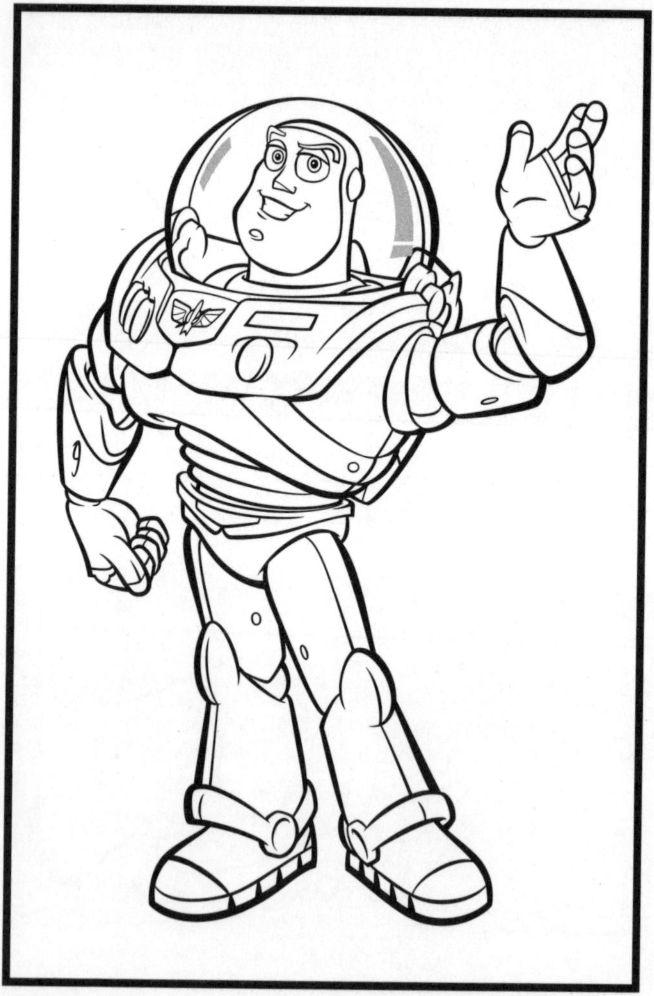

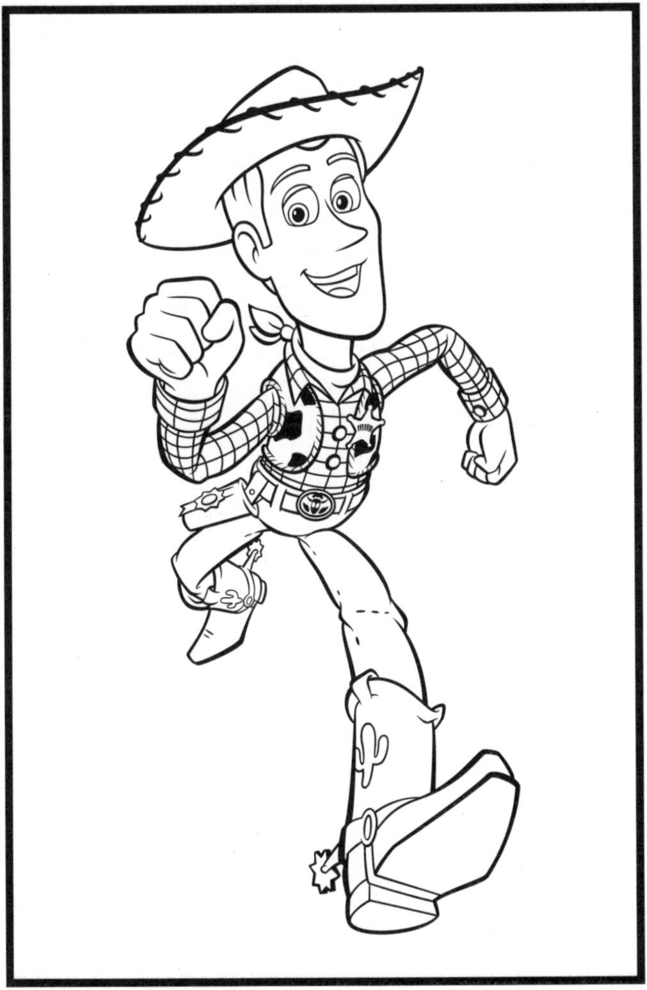

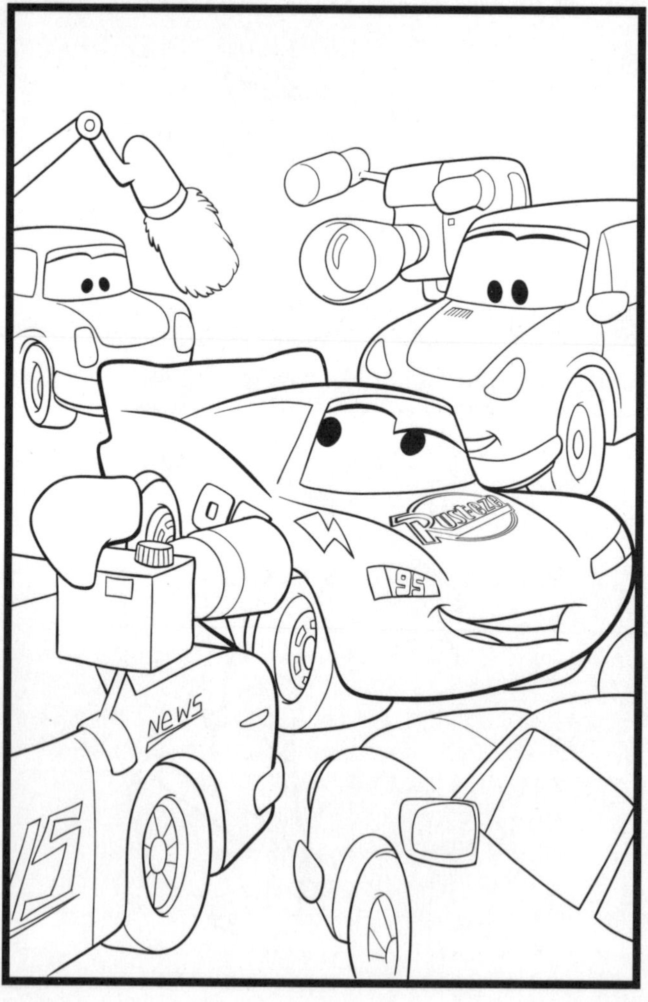
Rust-eze
95
NEWS

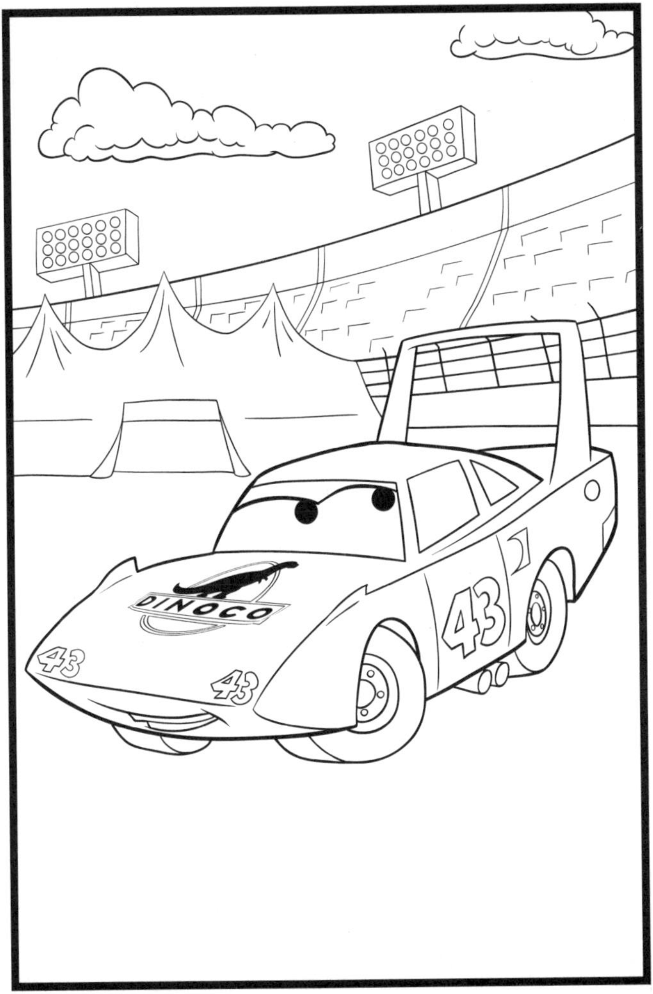
DINOCO
43
43
43

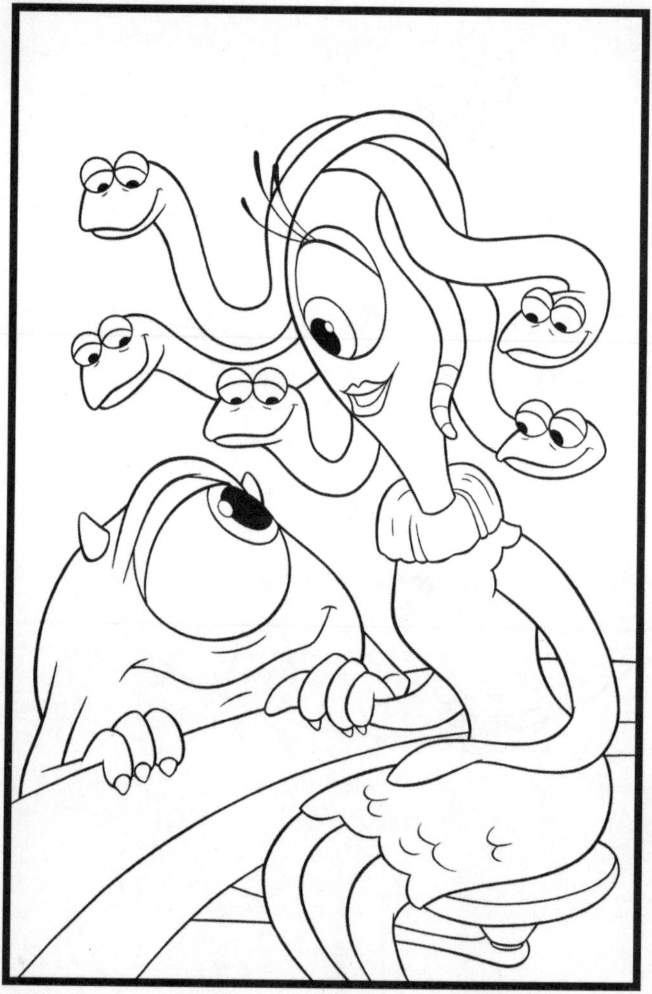

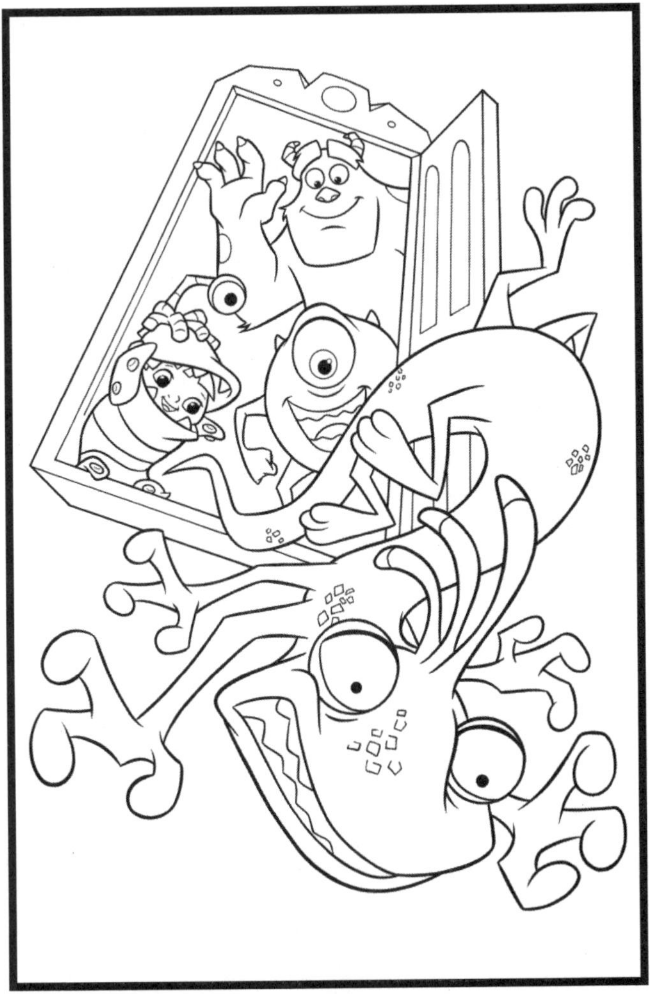

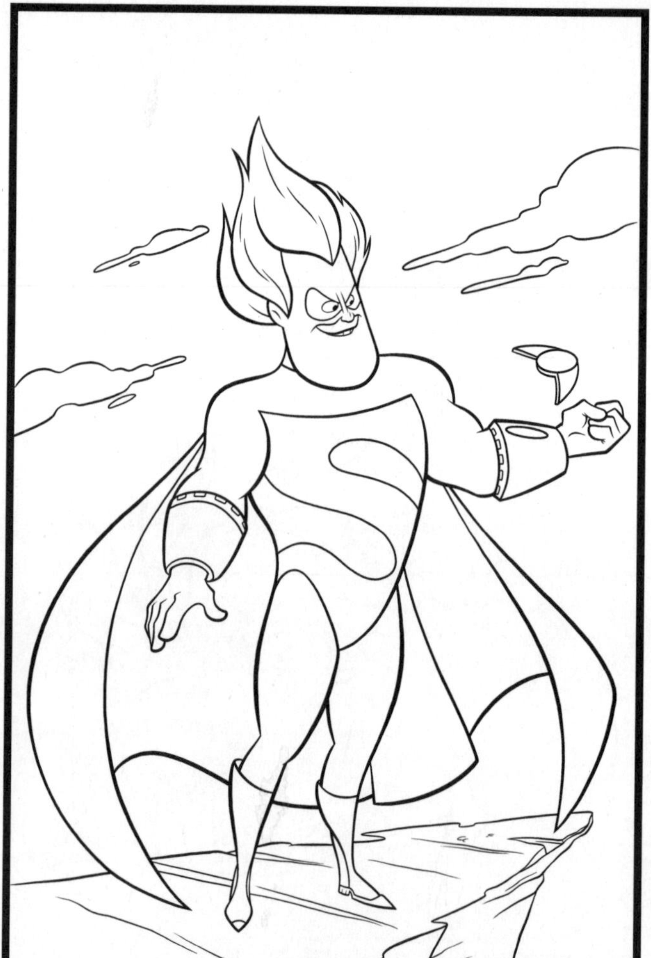

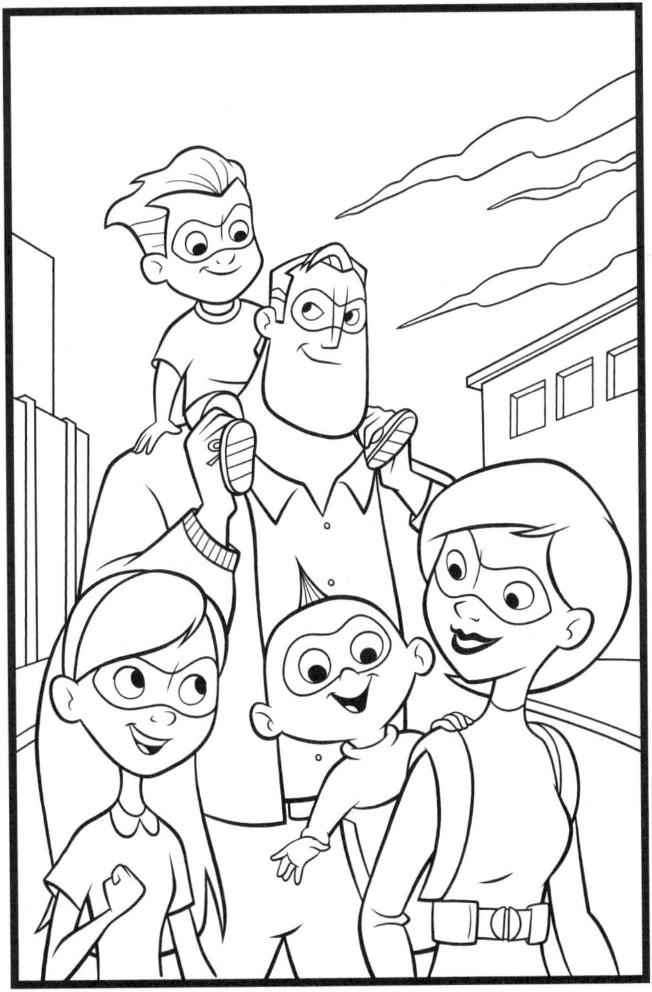

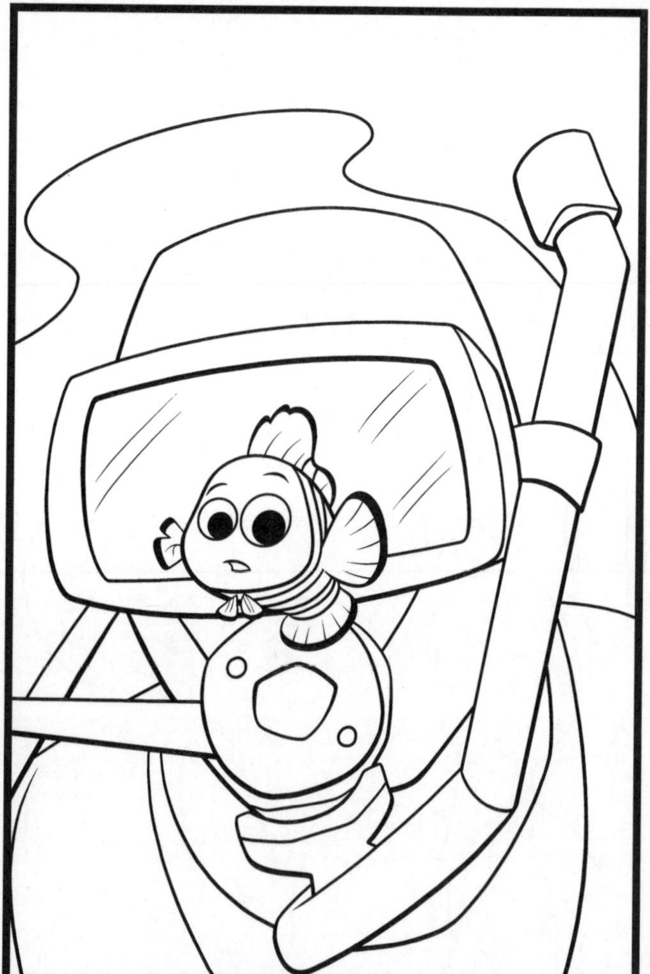

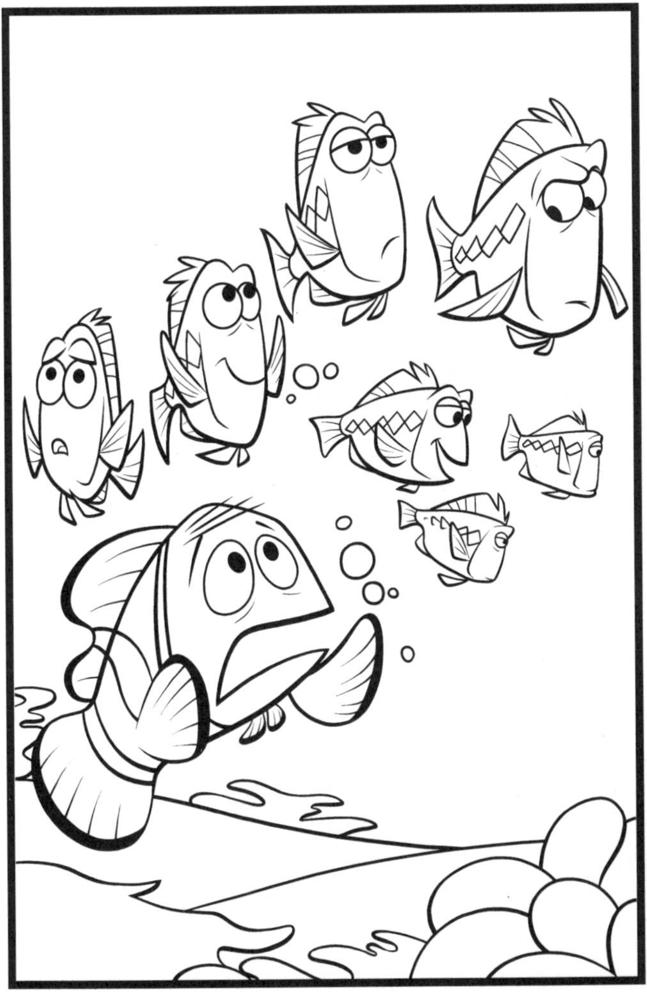

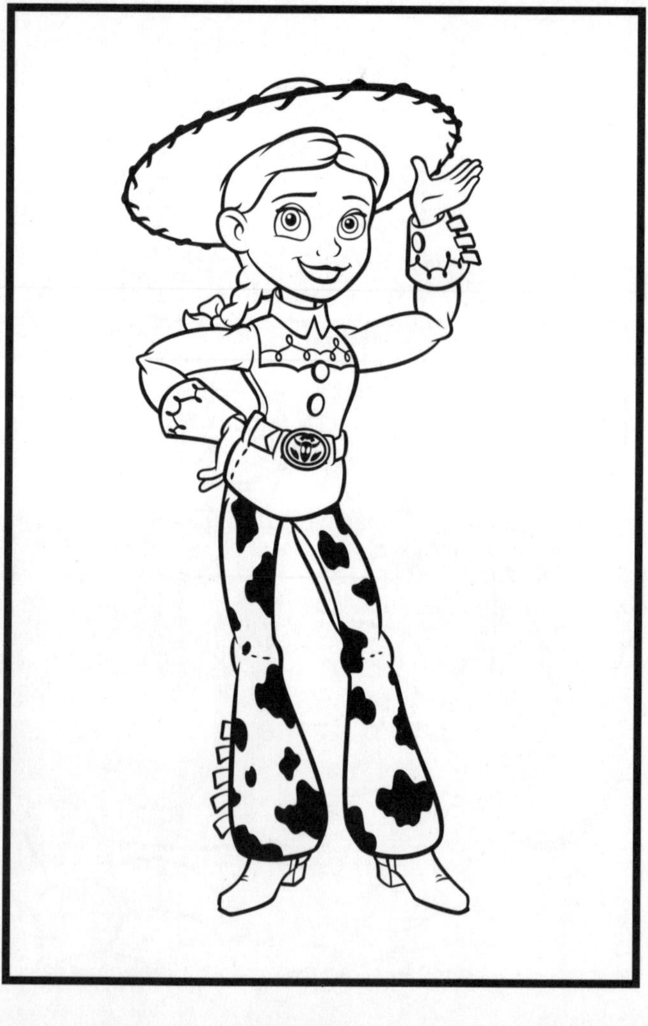

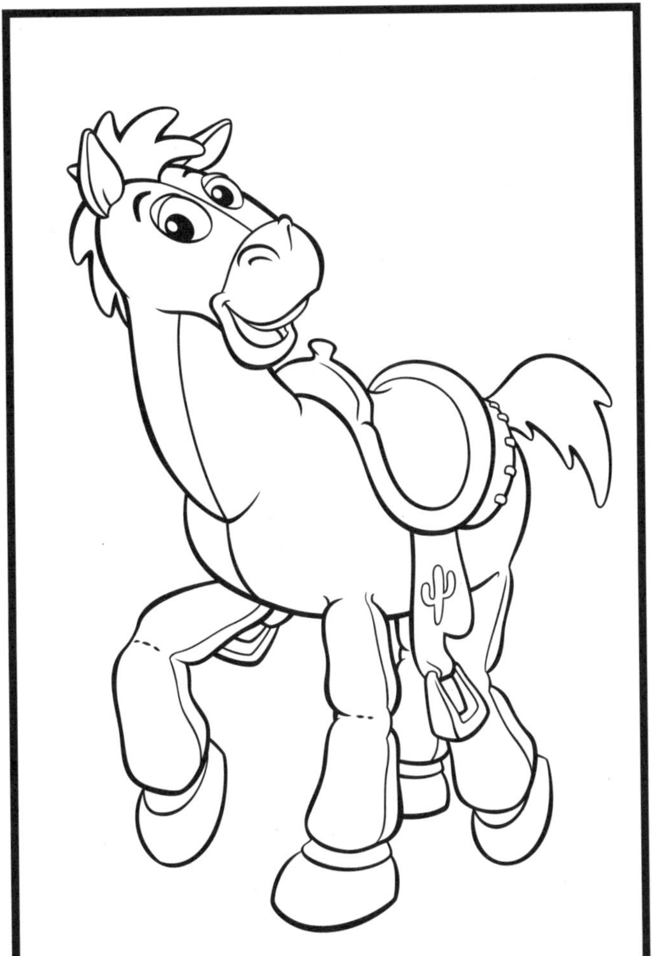

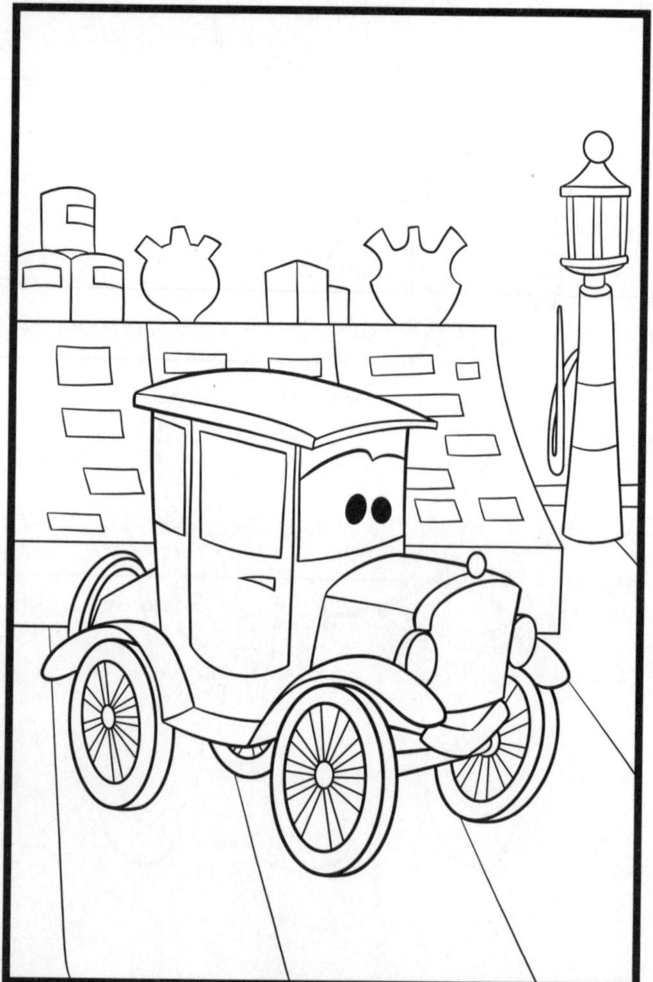

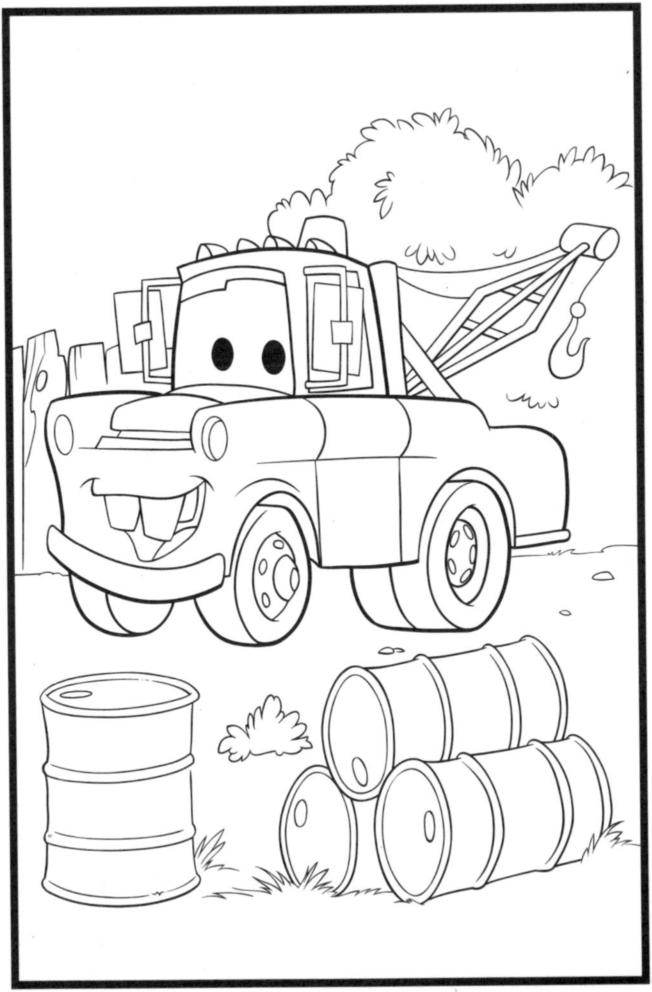

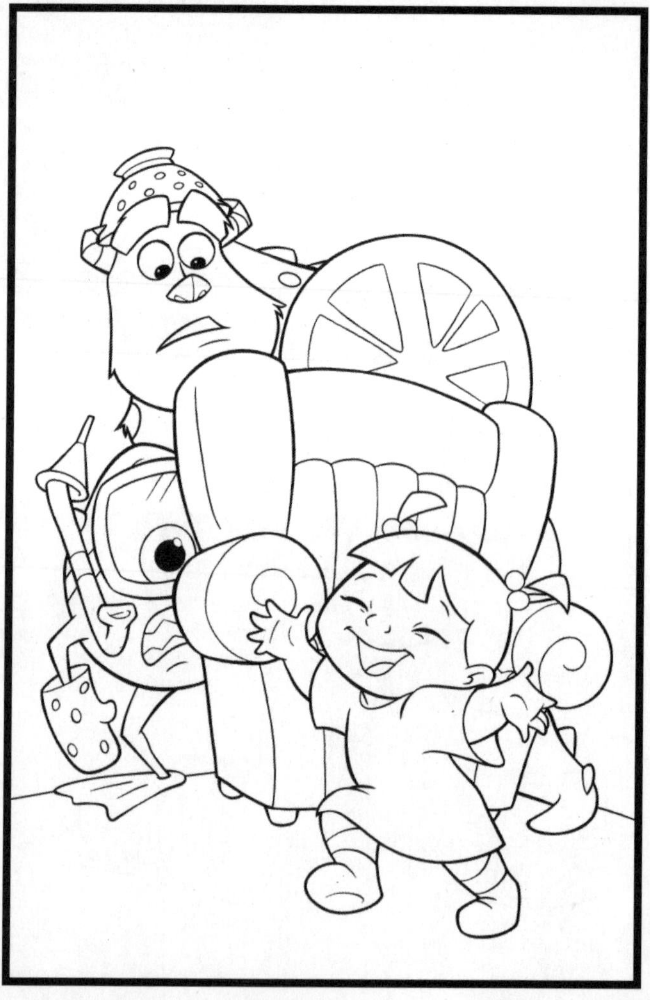